Dieter Ebels

Komm ins Weinlokal „Zur Fledermaus“

Geschichten und Anekdoten aus dem alten Duisburg

Wartberg Verlag

Bildnachweis:
Ebels: S. 18, 41
Wolter: S. 11, 15, 30
Van Goudwyck: S. 6, 42, 44, 59, 72, 78
Bausch/Glow: S. 20
Hanke: S. 54
Lembeck: S. 71
Grzymek: S. 51
Stadtarchiv Duisburg: Titelfoto

1. Auflage 2004

Satz und Layout: Grafik & Design Ulrich Weiß, Gudensberg
Druck: Druckerei & Verlag Steinmeier, Nördlingen
Buchbinderische Verarbeitung:
Buchbinderei Büge, Celle

34281 Gudensberg-Gleichen, Im Wiesental 1
Telefon (0 56 03) 9 30 50
www.wartberg-verlag.de
ISBN 3-8313-1422-5

Inhaltsverzeichnis

Vorwort

Wer erinnert sich nicht gerne an frühere Zeiten, an die Jahre der Kindheit, die bei vielen Menschen als die glücklichsten Jahre des Lebens fest verankert sind? Mit den „goldenen Zwanzigern" verbinden wir wirtschaftlichen Aufschwung und glänzenden Wohlstand. Doch bei genauerem Hinsehen muss man allerdings sagen: „Es ist nicht alles Gold, was glänzt." Dennoch hört man von den alten Duisburgern, die diese Zeit noch miterlebt haben, nichts Negatives darüber. Im Gegenteil, es war damals normal, dass es mitunter einige Tage hintereinander das gleiche Essen gab oder dass der eine oder andere barfuß in die Schule ging. Wie schön war es doch, wenn die ganze Familie in die Stadt zum Schaufensterbummel ging und, wenn noch etwas Geld übrig war, in eines der zahlreichen Lokale, die es schon damals in der Innenstadt gab, einkehrte.

Dieses Buch steckt voll von Erinnerungen an das Leben in den zwanziger Jahren in Duisburg. Alle Leser sind herzlich dazu eingeladen, an diesen Erinnerungen teilzunehmen.

Dieter Ebels

Das Wasser steigt!

Heute ist das Stadtgebiet vor den immer wiederkehrenden Überflutungen durch das Rheinhochwasser einigermaßen sicher. Der einzige Ort, der noch regelmäßig unter Wasser steht, ist die Mühlenweide und manchmal, wenn es unserm Vater Rhein beliebt, lässt er seine Fluten sogar bis an die Gebäude der Dammstraße anschwellen. Dann werden Stege aufgebaut, damit die Anwohner trockenen Fußes in ihre Häuser gelangen. Die Duisburger fühlen sich in der heutigen Zeit, hinter den hohen Dämmen, vor dem regelmäßigen Hochwasser sicher, doch das war nicht immer so.

Früher, wenn es mal wieder hieß: „Das Wasser steigt!", wurde es für viele ernst. Die Keller wurden ausgeräumt und man brachte seine Sachen in Sicherheit. Besonders hart traf es die Geschäftsleute, die in den Kellerräumen ihre Warenlager eingerichtet hatten. Tagelang waren sie damit beschäftigt, ihre Güter an einen hochwassersicheren Ort zu bringen. Kaum war das alles geschafft, drangen auch schon die ersten Wassermassen in die Keller ein. Es dauerte manchmal viele Tage, bis sich der Rhein endlich wieder in sein Bett zurückgezogen hatte. Dann hieß es erst einmal Aufräumen. Bevor die Leute ihre Räume wieder benutzen konnten, mussten sie manchmal zentnerweise Schlamm schöpfen und es dauerte sehr lange, bis alle Keller wieder trocken waren.

Obwohl diese Kellerüberflutungen regelmäßig stattfanden, ließen sich die betroffenen Bürger nicht kleinkriegen. Man hatte auch nicht viele Möglichkeiten, denn entweder zog man fort, oder man lebte damit, und wer ein echter Duisburger war, der trotzte diesem Mühsal.

Allerdings war des einen Leid auch des anderen Freud. Für die Bürger, die in höher gelegenen Stadtgebieten wohnten und mit dem Hochwasser

Die Menschenmenge rechts im Bild kam die Salvatorstraße zwischen Kirche und Rathaus herabgeströmt.

nicht viel zu tun hatten, war eine Überflutung etwas Sehenswertes. Jedes Mal, wenn es hieß: „Das Wasser steigt!“, begaben sie sich hinunter, um die Überflutung zu „besichtigen“. Schließlich wollte man sehen, wie die vom Rheinhochwasser betroffenen Anwohner über schmale Stege zu ihren Häusern balancierten.

Im November des Jahres 1924 war das Hochwasser besonders schlimm. Selbst der alte Markt war überschwemmt. Das Wasser stieg immer höher und reichte bald sogar bis an die Salvatorkirche heran. Zahllose Bürger kamen, um sich dieses Ereignis anzusehen. Wenn man oben auf dem Plateau der Freitreppe stand und nach unten blickte, schaute man auf einen See, dort, wo einst der Markt war. Selbst ein Teil der Brüderstraße war überflutet. Der einzige Weg, der jetzt noch zum Wasser hinunterführte, war die Salvatorstraße. Dort, zwischen Rathaus und Kirche, stand die Schar der gaffenden Schaulustigen, die von überall hergekommen waren. Selbst die Kinder gingen nach der Schule nicht sofort nach Hause. Sie liefen erst zum alten Markt, um die Überflutung zu sehen.

Einige Händler nutzten diese Lage und boten den Schaulustigen auf der Salvatorstraße heiße Maronen an. Ihr Geschäft lief bei dem ungemütlichen Novemberwetter sehr gut.

Die Geschichte vom Vogelmännchen

In der ersten Hälfte des letzten Jahrhunderts war ein Mann namens August Thiel in aller Munde. August Thiel wurde bekannt als das „Vogelmännchen vom Kaiserberg“. Er war ein echtes Duisburger Original. Thiel war ein alter Herr von sehr kleinem Wuchs, trug immer einen langen Mantel und einen Hut mit einer sehr breiten Krempe. Sein Gesicht war vom Alter gezeichnet und deshalb voller Falten. Aus diesem Grund wurde er von den Duisburgern häufig als kleines, verhutzeltes Männchen beschrieben.

Wer August Thiel sehen wollte, der musste nur dem Weg folgen, der von der Mülheimer Straße zum Kaiserberg hinauf verläuft. Der Weg führte an einem kleinen Fischteich vorbei. Er war in den Sommermonaten rundherum mit Schilf bewachsen. Davor befand sich eine überdachte Raststelle. Wer sich dort niederließ, der konnte in Ruhe alles beobachten, was in und um dem Teich herum so fleuchte und kreuchte. Was jedem Besucher sofort ins Auge fiel, war die große Schar der Vögel. Die verschiedensten Vertreter der heimischen Vogelwelt gaben sich hier ihr Stelldichein. Von diesem Ort aus konnte man auch das Vogelmännchen vom Kaiserberg beobachten. Genau auf der gegenüberliegenden Seite des Teiches hatte man ganz in der Nähe des Gewässers eine künstliche Grotte aus schroffem Felsgestein angelegt. Vor dieser Grotte saß das Vogelmännchen.

Jeden Morgen kam August Thiel zum Kaiserberg, um die Vögel zu füttern. Er hatte viele Dosen und Kästchen mitgebracht. In jedem dieser Behältnisse hatte Thiel ein anderes Futter gelegt, so dass für jeden seiner gefiederten Freunde etwas Schmackhaftes dabei war. Es gab Mehlwürmer, Maden und Raupen für die einen und Samenkörner und Nüsse für die anderen Vögel. Für die Vogelarten, die es mochten, packte der Mann auch Brotreste aus. Dieses Futter legte er sorgfältig auf der Bank neben sich aus. Wenn es regnete, dann spannte er sofort einen Schirm über die Bank, da er seinen Freunden aus dem Tierreich keine nasse Nahrung zumuten wollte. Die Vögel zeigten nicht die geringste Angst vor August Thiel und flogen die Bank an, um sich in aller Seelenruhe die passende Nahrung auszusuchen. Manche landeten sogar auf Thiels Hand und holten sich das gereichte Futter von dort ab. Einige waren sogar so dreist und versuchten etwas direkt aus den Döschen zu stibitzen. Wer genau hinhörte, der bekam mit, wie sich das Vogelmännchen mit seinen gefiederten Freunden unterhielt.

Doch August Thiel hatte nicht nur ein Herz für Vögel. Auch die Eichhörnchen hatten es ihm angetan. Er versteckte einige Nüsse unter den Steinen. Kaum hatte er das getan, da kamen auch schon die Eichhörnchen. Sie huschten flink hin und her, bis sie schließlich mutig zu den Steinen liefen, um die Nüsse mit ihren kleinen Krallen dort auszugraben. Mit ihrer Beute machten sie sich rasch davon.

Die einzigen Tiere, die das Vogelmännchen wohl nicht so sehr mochte, das waren die Spatzen. Diese waren ihm zu frech und dreist. Deshalb scheuchte er sie immer weg. Sie sollten sich woanders ihr Futter selber suchen. So war er, der August Thiel. Man sagte, dass er die Tiere lieber hatte als die Menschen, denn die Menschen können falsch und böse sein, Tiere aber verstellen sich nicht.

Regelmäßig stiegen die Duisburger den Weg zum Kaiserberg empor, um das Vogelmännchen zu sehen. Es kamen ganze Familien mit Kindern hinauf zum Teich. Sie alle wollten dem kleinen Mann dabei zuschauen, wie er die Tiere versorgte. Nur, sehr leise mussten sie sein, um die Vögel nicht zu verscheuchen. Jedes Mal, wenn irgendwelche Kinder laut wurden und die Vögel erschrocken aufflogen, dann warf das Vogelmännchen einen bösen Blick über den Teich. Am allerliebsten hatte es August Thiel allerdings, wenn er in den frühen Morgenstunden ganz alleine und ungestört mit seinen gefiederten Freunden zusammen war.

Viele Duisburger wissen heute nicht mehr, dass es diesen Ort immer noch gibt. Die Anlage liegt am Südhang des Kaiserbergs und nannte sich ganz früher einmal Schülke Platz. Man hatte dort eine Erholungsanlage geschaffen, die zwei auf verschiedenen Ebenen liegende Teiche umfasste. Der obere Teich endete an einer künstlich geschaffenen Felsengruppe. In diesem Felsen war der Eingang zu einem heute vergessenen Gewölbe, einer nachgebauten Tropfsteinhöhle. Diese Höhle konnte von den Bürgern besichtigt werden. Allerdings waren dann 20 Pfennig Eintritt fällig. In der Tropfsteinhöhle stand ein Tisch, an den sich die Besucher setzen konnten, um sich in das dort ausliegende Gästebuch einzutragen.

Auch heute noch gibt es den kleinen Teich, hinter dem die Felswände steil aufragen. Hier befand sich die Grotte, vor der man das Vogelmännchen beobachten konnte.

Der kleine Teich, an dem das Vogelmännchen damals gesessen hat, liegt immer noch verschwiegen vor der emporragenden Felswand. Unterhalb dieses Felsens steht auch heute eine Bank am Ufer. Die Grotte allerdings wurde schon vor vielen Jahren zugemauert. Wer aber genauer hinsieht, kann erkennen, wo der Eingang einst war.

Der Laarer Junge

Wenn die Rheinschiffer am Ufer des Duisburger Stadtteils Laar vorbeischippern, sehen sie oben auf der Frontseite eines der Häuser einen merkwürdigen Gesellen. Es ist ein Junge, der auf einem Sockel sitzt und ihnen fröhlich zuwinkt. Allerdings ist dieser Junge eine Steinfigur, deren Entstehung auf einer sehr traurigen Geschichte beruht. Früher winkte diese Figur vom Hausdach eines alten Hauses an der Rheinstraße 54 herab. Seit wann der Laarer Junge dort oben saß, weiß niemand mehr genau. Manche alteingesessenen Laarer sagen, dass nach den Überlieferungen ihrer Ururgroßeltern der steinerne Junge schon Ende des neunzehnten Jahrhunderts dort gesessen hat. Andere hingegen wollen wissen, dass die Figur erst Anfang des letzten Jahrhunderts dort aufgestellt wurde. Im Jahre 1987 wurde das alte Haus abgerissen. Der steinerne Junge wurde aber vorher vom Dach entfernt. Da der Zahn der Zeit an der Figur genagt hatte und der Zustand nicht mehr der beste war, wurde sie restauriert. Danach kam sie an ihren jetzigen Platz, an die Giebelfront des Gebäudes an der Deichstraße 50. Von dort aus winkt der Junge von seinem steinernen Sockel auch heute noch allen vorbeifahrenden Schiffen zu.

Woran sich die älteren Laarer Bürger aber noch genau erinnern, das ist die Entstehungsgeschichte dieser Figur. Einer der Kapitäne, die damals den Rhein auf- und abschipperten, hatte einen Sohn. Natürlich war dieser Sohn der ganze Stolz des Vaters. Der Kapitän wollte, dass sein Junge, genau wie er selbst, später einmal ein Kapitän der Rheinschifffahrt werden sollte. Dieser Wunsch schien sich zu bestätigen, als der stolze Vater bemerkte, welche Begeisterung sein Sohn bereits in jungen Jahren für die Schifffahrt aufbrachte. Wenn es dem Jungen eben möglich war, dann verbrachte er seine Zeit damit, im Ruhrorter Hafen herumzustreunen. Er konnte sich an den vielen Schiffen, die oft von sehr weit her kamen, überhaupt nicht satt sehen.

Jedes Mal, wenn sein Vater, der Kapitän, von seinen Fahrten nach Hause kam und in Ruhrort festmachte, stand sein Sohn bereits an der Hafenmole und winkte ihm zu. So kam es, dass der erste Blick des Kapitäns immer seinem winkenden Jungen galt. Eines Tages aber, als der Schiffer wieder im Heimathafen anlegte, suchte er vergeblich nach seinem winkenden Sohn. Stattdessen wartete seine Frau auf ihn. Als er ihr trauriges Gesicht sah, wusste er sofort, dass etwas Schlimmes geschehen sein musste. Er erfuhr, dass sein geliebter Sohn durch ein tragisches Unglück ums Leben gekommen war. Was damals genau passiert ist, das weiß heute keiner mehr. In seiner Trauer ließ der Kapitän eine Steinfigur, die den Jungen darstellte, anfertigen. So sollte die Erinnerung an seinen Sohn für immer wach bleiben.

Hoch oben vom Dachgiebel des Hauses an der Deichstraße 50 winkt der Laarer Junge heute fröhlich den vorbeifahrenden Schiffen zu.

Die Familie des Kapitäns war bei den Laarer Bürgern sehr beliebt. Deshalb blieben einige von ihnen sonntags nach dem Kirchgang vor dem Haus an der Rheinstraße stehen und beteten für die Familie. Dabei waren ihre Blicke auf die Steinfigur des Jungen gerichtet, der hoch oben auf dem Dach saß und winkte. Nach und nach schlossen sich immer mehr Kirchgänger zusammen, um sonntags vor dem Haus der Kapitänsfamilie zu beten und bald war der sonntägliche Gang zur Rheinstraße eine Tradition geworden. In den Jahren des Ersten Weltkrieges wurde diese Tradition unterbrochen, um aber Ende des Jahrzehnts wieder aufgenommen zu werden. Bis in die Mitte der zwanziger Jahre gehörte das Gebet unter der Steinfigur zum Ablauf des Sonntags. Doch die Bürger, die sich nach der Kirche dort hinbegaben, wurden mit der Zeit immer weniger und bald schlief diese Tradition ganz ein.

Wenn man heute den Rheindamm in Laar entlangschlendert und seinen Blick auf den winkenden Jungen mit dem fröhlichen Gesicht wirft, dann kann man fast nicht glauben, dass die Entstehung dieser Figur einen so traurigen Anlass hatte.

Zum Fünf-Uhr-Tee an die Monning

Was war das doch noch für eine schöne Zeit, als die jungen Leute während der Woche nur einem Ereignis entgegenfieberten, dem berühmten Fünf-Uhr-Tee an der Monning. Da traf man sich jeden Samstag in dem Gasthaus an der Stadtgrenze zu Mülheim.

Bereits im Jahr 1920 lud die Gaststätte an der Monning zu Tee und Tanz ein. Der Eintrittspreis betrug damals 3,90 Mark. Dieses Geld gab man gerne aus, denn wo, wenn nicht hier, konnte man einen passenden Partner finden?

Wenn die Tanzkapelle aufspielte, dann schlugen die Herzen der jungen Mädchen höher. Sie saßen erwartungsvoll auf ihren Stühlen und warteten auf einen Kavalier, der ihnen seine Aufwartung machte. Natürlich ging das alles sehr gesittet zu. Da bat der junge Mann noch respektvoll den Vater um den Tanz mit der holden Tochter.

Die Mädchen, die bereits ohne Begleitung der Eltern an die Monning durften, machten sich ein Vergnügen daraus, unbeaufsichtigt zu schwofen.

Die jungen, aber auch die älteren Duisburger zog es über Jahrzehnte an die Monning zum „Tanztee“ oder zum „Ball der einsamen Herzen“. Jedes Wochenende bot das beliebte Ausflugslokal etwas anderes. So war auf einem Plakat im Aushang der Gaststätte am Samstag, dem 8. August 1925, Folgendes zu lesen: Heute um

4.00 Uhr großes Extra-Familien-Kaffee-Konzert mit der oberbayrischen Stimmungskapelle Hans'l Hahn. Anschließend um 8.00 Uhr Abendkonzert mit Tanz im Freien. Sonntag morgen Frühschoppen und danach Mittags- und Abendkonzert. Ab 7.00 Uhr Jazz-Tanz.

Dort wurden so manche Liebesbande geschmiedet. Auch heute noch denken viele ältere Ehepaare melancholisch an die Monningzeit zurück, weil dort auch ihr erstes Treffen stattfand. An der Monning hatten sie sich kennen und lieben gelernt.

So haben noch viele Duisburger das Ausflugslokal Monning in Erinnerung.

Ernst Robert Straube – ein Sonntagskind macht Duisburg zur Großstadt

Als am 31. Januar 1904 um 9.30 Uhr die Kirchenglocken die Duisburger zum Sonntagsgottesdienst riefen, ahnte noch niemand, dass genau zu dieser Zeit der hunderttausendste Bürger der Stadt das Licht der Welt erblickte. Der Neudorfer Tischlermeister Georg Heinrich Straube meldete die Geburt seines Sohnes Ernst Robert Straube erst am 4. Februar um 11.55 Uhr standesamtlich an. Als die preußische Verwaltung den genauen Zeitpunkt der Geburt ermittelte, stellte man fest, dass Ernst Robert Straube der einhunderttausendste Bürger war und somit Duisburg zu einer Großstadt machte.

Natürlich stand der Junge sofort im Mittelpunkt des öffentlichen Interesses und es gingen zahlreiche Geschenke bei der Familie Straube ein, u. a. sogar ein ganzes Silberbesteck. Oberbürgermeister Karl Lehr ließ für Ernst Robert ein Sparbuch mit einer Einlage von 300 Mark ausstellen, welches allerdings bis zu seinem 21. Geburtstag gesperrt war. Die Duisburger Kasinogesellschaft stiftete die Wiege und eine Brauerei spendete ein Fass Bier für die Taufe des Kindes. Im Schaufenster eines Fotografen konnten die Duisburger das Babyfoto ihres neuen Bürgers bestaunen.

Ernst Robert war für viele etwas ganz Besonderes, denn als er in die damalige Volksschule an der Neudorfer Straße ging, stand er als Prominenter im Blickpunkt der Lehrer und Schüler, was ihm oft unangenehm war. Später wollte ihn der Direktor der Knabenmittelschule gerne zum Beamten machen, doch Ernst Robert zog es vor, eine kaufmännische Lehre anzutreten. Er wur-

Selbst auf dem Schülerfoto wurde eine Tafel mit der Aufschrift „Ernst Straube, geb. 31.1. 1904, der 100 000. Bürger der Stadt Duisburg" aufgestellt.

de danach Angestellter bei Klöckner. Ehrgeizig wie er war, holte Ernst Robert in Abendkursen bei einem Privatinstitut bzw. bei Privatlehrern zunächst die Mittlere Reife und dann das Abitur nach. Als er das Studium der Betriebswirtschaft an der Universität Köln antrat, löste er seine finanziellen Probleme mit dem von der Stadt gestifteten Sparbuch, welches auf 750 Mark angewachsen war. Leider war diese Summe wegen der Inflation fast wertlos geworden. Als Ernst Robert deswegen bei der Stadtverwaltung vorstellig wurde, wertete diese nicht nur das Guthaben voll auf, sondern versprach ihm, die Kosten für das Studium zu übernehmen, wenn er nach jedem Semester ein positives Fleißzeugnis vorlegte. Als sein Vater im Oktober 1927 tödlich verunglückte, musste er das Studium nach vier Semestern aufgeben, um seine Mutter und die drei jüngeren Schwestern zu unterstützen.

Im Jahre 1934 gründete Ernst Robert eine eigene Familie. Er ehelichte die ebenfalls in Duisburg geborene Elisabeth Hupperts. Aus dieser Verbindung gingen seine Tochter Ursula und der Sohn Jürgen hervor. Über mehrere berufliche Stationen wurde Ernst Robert Straube 1942 Geschäftsführer der Waffen-Kommission bei Krupp in Berlin und brauchte deshalb nicht zum Kriegsdienst. 1944 wurde er nach Württemberg versetzt, um beim Aufbau eines ausgelagerten Rüstungsbetriebes zu helfen. Dort wurde er bei Kriegsende von den französischen Besatzungstruppen in Rastatt interniert. Durch Unterschriftensammlungen und

Eingaben seiner Ehefrau gelang es, dass er ohne Urteil oder Angaben von Gründen nach jahrelanger Inhaftierung freigelassen wurde. So konnte die Familie Straube im April 1948 wieder nach Duisburg zurückkehren.

Seinem Fleiß und Ehrgeiz verdankte der zunächst Arbeitslose seinen späteren Aufstieg bis hin zum Prokuristen in einem Eisengroßhandel. Er gönnte sich und seiner Familie kaum einen Urlaub. Ernst Robert Straube arbeitete sogar bis über das 65. Lebensjahr hinaus. Er war mit seiner Familie nach Düsseldorf-Oberkassel gezogen und bewohnte dort eine schöne Dienstwohnung. Nebenbei war er mehrere Jahre als ehrenamtlicher Richter am Sozialgericht tätig.

Nach einem erfüllten Leben verstarb Ernst Robert Straube, der Mann, der Duisburg zur Großstadt gemacht hatte, am 2. Mai 1976. Er wurde auf dem Waldfriedhof seiner Geburtsstadt beigesetzt.

Die Premiere

Als im Juli 1926 die Duisburger Kammer-Lichtspiele am Kuhtor die Erstaufführung von „Schiff in Not“ ankündigten, war die Aufregung groß. Dieses mit vielen Vorschusslorbeeren überschüttete „Drama von Mensch und Meer“ wollte jeder sehen. Der bekannte Fred Sauer führte Regie und in den Hauptrollen waren die damals berühmten Schauspieler Jenny Jugo und Gustav Fröhlich zu sehen. Fast alle Karten für die Premiere waren schon vorab vergeben worden, denn bei der Erstaufführung eines solch bekannten Stücks war die Duisburger Oberschicht meistens unter sich. Nur ganz wenigen Normalbürgern gelang es, eine Premierenkarte zu ergattern. Trotzdem gab es am Tag der Erstaufführung einen Menschenauflauf vor den Kammer-Lichtspielen. Viele Duisburger kamen nicht, um das Stück zu sehen, sondern sie kamen, um die vornehmen Herrschaften zu begutachten, die in die Vorstellung strömten. Die Herren trugen feine Anzüge und Zylinder und die Garderobe der Damen war schillernd und abwechslungsreich. Viele Damen der Oberschicht trugen die moderne Frisur des Pagenschnittes, den so genannten Bubikopf. Es war eine Kurzhaarfrisur, die eigentlich von Knaben getragen wurde. Hatte eine der Frauen die Haare dann auch noch nach vorne gekämmt, dann lästerten die Leute und meinten, es sei eine „Windstoßfrisur“. Egal, ob man die Vorstellung sah oder nicht, eine Premiere war eben immer etwas Besonderes.

Der zugefrorene Rhein

Was war das doch für eine Sensation, als im Winter 1928/29 der Rhein zugefroren war. So etwas hatte es vorher noch nie gegeben. Dieses Ereignis war in aller Munde.

Eine Dauerfrostperiode mit Temperaturen von unter minus zwanzig Grad ließ das Wasser des Stromes bis nach Holland hinein unter einer dicken Eisdecke verschwinden. Es gab wohl kaum einen Duisburger, der sich dieses Naturschauspiel entgehen ließ. Fast jeder machte sich zum Flussufer auf. Wem es zu Fuß zu weit war, der setzte sich in die Straßenbahn, die zahlreiche Haltestellen in Rheinnähe hatte. Auf dem Rhein gab es einen wahren Volksauflauf. Man spazierte zwischen den Eisschollen hindurch und jeder wollte hinterher erzählen können, dass er den Rhein zu Fuß überquert hat.

An den Wochenenden erreichte der Ansturm der Bürger seinen Höhepunkt. Dann kamen nicht nur die Duisburger zum Rhein. Es kamen Leute aus dem ganzen Ruhrgebiet, um sich diese Sensation anzusehen.

Ganze Familienverbände machten sich zu einer Flussüberquerung auf. Auf einer besonders ebenen Eisscholle hatten die Kinder eine lange „Schlinderbahn“ eröffnet. Sie nahmen einen großen Anlauf und glitten dann über das glatte Eis. So manches Kind machte dabei unsanfte Erfahrungen mit dem hart gefrorenen Untergrund.

Man sah einige Männer, die versuchten, mit einer Axt die Eisdecke zu durchschlagen, um die Dicke des Eises zu messen. Woanders standen Leute in Gruppen zusammen und unterhielten sich angeregt. Was man hier auf dem zugefrorenen Rhein machte, das war egal, wichtig war, dass man dabei gewesen war.

Für so manchen Verein war der Ausflug zum Rhein Pflicht. Man suchte sich mitten auf dem Strom ein gutes Plätzchen und bohrte ein Loch in das Eis. Dieses Loch wurde als Halterung für die Vereinsfahne benötigt. Nachdem die Fahne weithin sichtbar angebracht worden war, stellte man einen Tisch auf. Dann wurde die „Pulle Korn“ nebst Gläser ausgepackt, um das Naturereignis zu feiern.

Erst als Mitte März 1929 das Tauwetter einsetzte, schmolz die ganze Pracht langsam dahin. Schließlich setzten sich sämtliche Eismassen in Bewegung und machten sich in Richtung Holland auf.

Der Schwatte Egon

Es war am Anfang der zwanziger Jahre, als sich in Hamborn die Bewohner eines ganzen Viertels mehr oder weniger vor einem einzigen Jungen gefürchtet haben. Genauer gesagt fürchteten sie nicht den Jungen, sondern seine unberechenbaren Streiche.

Dieses Stadtviertel wird von den alten Anwohnern, manchmal aber auch von den jüngeren, heute noch als „Juppkolonie" bezeichnet. Warum man diesem Gebiet den Namen Juppkolonie gegeben hat, das weiß heute keiner mehr so recht. Die Juppkolonie wird begrenzt von der Bremenstraße im Norden und der Schachtstraße im Süden. Im Westen endet die Kolonie an der Klosterstraße und im Osten an der Buschstraße.

Der Junge, von dem die Rede ist, wohnte in der Josefstraße (die heutige Steigerstraße), eine der Straßen, die mitten durch dieses Viertel führen. Vielleicht wurde der Name Juppkolonie ja von der Josefstraße (Jupp war in der damaligen Zeit ein beliebter Spitzname für Josef) abgeleitet, doch wie gesagt, genau weiß das heute keiner mehr.

Dieser Junge wurde von allen Anwohnern als der „Schwatte Egon" bezeichnet und zwar deshalb, weil er pechschwarze Haare gehabt haben soll (schwarz = schwatt). Die Bewohner der Juppkolonie waren sich einig, dass der Schwatte Egon die Wurzel allen Übels sei. Seine bösen Streiche waren in aller Munde und weit über die Grenzen des Viertels hinaus bekannt. Als Egon etwa zwölf Jahre alt war, erreichten seine Schandtaten den Höhepunkt.

Egon prahlte vor den anderen Kindern damit herum, dass er nicht einmal vor dem schwarzen Mann (so bezeichneten die Kinder damals den Kohlenhändler) Angst hatte. Er hatte auch einen Plan, wie er das beweisen konnte. Eigentlich schüttete der Kohlenhändler die Säcke einfach vor den Kelleröffnungen auf dem Gehweg aus. Das Kohleneinschüppen machte man selber. Eine ältere Bewohnerin gab dem Kohlenmann aber immer ein paar Mark extra, damit er ihr die Säcke in den Keller trug. Das wusste auch Egon. Als das Gespann des Kohlenhändlers mit seinen zwei kräftigen Pferden mal wieder vorfuhr, wartete Egon auf den richtigen Moment. Der Kohlenhändler zog sich ein Leder über die Schulter, legte einen Sack Kohlen darauf und verschwand im Haus der alten Frau. Kaum war der Mann verschwunden, sprang Egon auf den Kohlenwagen und löste die Bremse. Dann begab er sich vor die Pferde, fasste ihr Geschirr und zog daran.

Er führte den Pferdewagen durch die Einfahrt der gegenüberliegenden Häuserzeile. Dort versteckte er das Gespann hinter einem der Schuppen, die sich auf den Hinterhöfen befanden. Fieserweise knotete er die langen Mähnen der Pferde einfach eng zusammen, so, dass die Tiere kaum noch ihre Köpfe bewegen konnten. Als der Kohlenhändler sah, dass sein Gespann verschwunden war, glaubte er, dass es jemand gestohlen habe und er es wohl nie mehr wiedersehen würde. Eine Frau aus der Nachbarschaft beobachtete allerdings durch ihr Fenster Egons Streich. Sie erzählte das auch sogleich dem Kohlenhändler. Dieser erwischte den Jungen und verabreichte ihm eine ordentliche Tracht Prügel. Als Egons Vater am Abend von der Schicht nach Hause kam und von Egons bösem Streich erfuhr, bekam der Junge seine zweite Tracht Prügel.

Egon schwor, sich an der Frau, die ihn verraten hatte, zu rächen. Am nächsten Tag nahm er ein paar Steine zur Hand und warf aus einem Versteck heraus drei Fensterscheiben der Frau kaputt. Zu seinem Pech wurde Egon im Versteck entdeckt. An diesem Abend soll ihm sein Vater so den Hintern verdroschen haben, dass Egon nur noch auf dem Bauch liegen konnte.

Doch scheinbar nutzen alle Strafen nichts, denn der Schwatte Egon heckte immer neue Bosheiten aus. Einmal schwärzte er einem Baby aus der Nachbarschaft, welches friedlich in seinem Kinderwagen schlief, das Gesicht mit Ruß. Die Frau ließ ihr Kind nur einen Augenblick alleine auf dem Hof stehen und schon schlug der Schwatte Egon zu.

Ein anderes Mal war Egon zum nahe gelegenen Sankt Johannes Hospital, einem großen Krankenhaus, welches direkt an die Juppkolonie grenzt, gegangen. Er sah, dass das Fenster eines Krankenzimmers in der ersten Etage weit offen stand. Da hatte er nichts anderes zu tun, als eine Hand voll Hundekot einzusammeln und diesen durch das Fenster in das Zimmer zu werfen.

An der Hufstraße lag eine Gaststätte. Egon war mit einem großen Henkelmann dort hingegangen, um diesen mit Bier füllen zu lassen. Es war damals so üblich, dass die Väter ihre Kinder zum Bierholen schickten. Der Wirt schrieb es bis zum nächsten Zahltag an. Das Bier war aber nicht für Egons Vater. Obwohl er wusste, dass es nicht gut gehen konnte, trank der Junge den großen Henkelmann ganz alleine leer. Er wurde später sturzbetrunken in einem Gebüsch aufgefunden.

Egon hatte immer das Pech, erwischt zu werden und so gab es noch manche Tracht Prügel für ihn. Des Öfteren stand aber auch die Polizei vor der Wohnungstür seiner Eltern, weil Egon mal wieder zugeschlagen hatte. Angeblich waren es so viele böse Streiche, dass man sie gar nicht mehr zählen konnte.

Egons eigene Mutter war es, die eines Tages einen Polizisten aus lauter Verzweiflung darum bat, ihren Sohn für eine Nacht in das Gefängnis zu sperren. Tatsächlich nahm der Polizist den Jungen mit auf die Wache und steckte ihn in eine der Ausnüchterungszellen. Egon soll dort die ganze Nacht über geweint haben und als er am nächsten Tag wieder nach Hause durfte, versprach er, nie mehr einen Streich zu spielen.

Ob Egon dieses Versprechen wirklich gehalten hat, das weiß keiner. Doch wenn man ir-

Die alten Häuser an der heutigen Steigerstraße stehen immer noch. Dort hat der Schwatte Egon sein Unwesen getrieben und wer weiß, ob er vielleicht nicht sogar in einem der abgebildeten Häuser gewohnt hat.

gendwo eine kaputte Fensterscheibe sah, oder wenn ein Händler merkte, dass ihm einige Bonbons aus der Schüssel gestohlen worden waren, dann hieß es immer sofort: Das war der Schwatte Egon.

Als Egons Familie innerhalb der Juppkolonie umzog, machten sich die neuen Nachbarn in der Bremenstraße große Sorgen, weil sie nun das Schlimmste befürchteten. Es sind noch viele Schandtaten passiert, aber entweder war Egon nicht der Übeltäter oder er hatte sich einfach nicht mehr erwischen lassen.

Der Schwatte Egon starb im Zweiten Weltkrieg, als eine Fliegerbombe das Haus in der Bremenstraße traf. Seine Geschichte aber lebte weiter.

Die große Eingemeindung

Der 1. August 1929 war für Duisburg ein ganz besonderer Tag. Die Einwohnerzahl und das Stadtgebiet vergrößerten sich schlagartig. Den Grund dafür konnte man in der Preußischen Gesetzessammlung, Ausgabe 31. Juli 1929, nachlesen. Das Gesetz legte die kommunale Neugliederung des rheinisch-westfälischen Industriegebiets fest.

Die Großstädte Duisburg und Hamborn wurden zu einer Stadtgemeinde und einem Stadtkreis „Duisburg-Hamborn“ zusammengeschlossen. Weiterhin wurden die Landgemeinden Huckingen und Mündelheim sowie Teile von Angermund, Lintorf, Bockum und Sterkrade eingegliedert.

Das, was sich in dem Gesetz so einfach las, war ein zähes Ringen zwischen Politikern und Bürgern. Die Hamborner Bevölkerung wollte mit allen Mitteln ihre Stadt Hamborn behalten und sich nicht so einfach von Duisburg einverleiben lassen. Die Bürger waren stolz darauf, dass Hamborn am 1. April 1911 die Stadtrechte erhalten hatte und gleichzeitig zur Großstadt geworden war. Und das sollte nun alles vorbei sein? Damit waren die Hamborner nicht einverstanden. Sie organisierten den Widerstand gegen dieses Vorhaben. Am Jahresende 1928 wurde in einem Zeitungsartikel die Frage gestellt, ob Hamborn wirklich „gegen den einmütigen Willen seiner Bevölkerung einfach von der Landkarte wegradiert werden“ sollte.

Am 8. Juli 1929 wurde in einem Flugblatt vergeblich zum Protest aufgerufen:

Aufruf!
Hamborner!
Um das Schicksal unserer Heimat,
unserer Vaterstadt Hamborn geht es jetzt.
In letzter Minute rufen die
unterzeichnenden
Parteien, Organisationen und
Verbände
allen Abgeordneten des Preußischen
Landtages zu:
Hände weg von Hamborn!
Hamborn muss selbstständig bleiben!
Hamborn hat auf sein gesundes
Eigenleben Recht!
Vergewaltigt nicht im Zeitalter der
Demokratie 130 000 Menschen.

Hamborner!
Aus Protest gegen die geplante
Vergewaltigung Hamborns
durch die Eingemeindung nach
Duisburg fordern wir alle Einwohner auf,
am Montag, den 8. Juli 1929
zum Zeichen des Protestes
um ¾ 11 Uhr für 5 Minuten auf der Straße
stehen zu bleiben.
Kaufleute! schließt die Läden.
Großbetriebe! lasst auf 5 Minuten
die Räder stehen.
Arbeiter und Handwerker!
legt für 5 Minuten die Arbeit nieder.
Straßenbahnen, Autobusse, Autos,
alle Fahrzeuge überhaupt
haltet für 5 Minuten an.
Kein Verkehr mehr auf der Straße!
Hamborner! flaggt Halbmast!

Dieser Aufruf war von allen Parteien, die sich in diesem Punkt zum ersten Mal einig waren, unterzeichnet. Weiterhin unterzeichneten Verbände, Organisationen und Gewerkschaften diesen Protestaufruf.

Weil die Stadtpolitiker Angst vor der Hamborner Bevölkerung hatten, trafen sie sich heimlich zu den Verhandlungen über die Eingemeindung. Als die Eingemeindung trotz des Widerstandes beschlossene Sache war, gingen die Hamborner Bürger am 1. August 1929 wütend protestierend auf die Straße. Mitten auf der Pollmannkreuzung, die von den wichtigsten Straßenbahnlinien nach allen Seiten befahren wurde, stellten die Bürger eine schwere Dampfwalze. So blockierten sie die zwei größten Hauptstraßen und legten den gesamten Verkehr lahm.

Dieser Entscheid gegen den Willen der Bevölkerung traf die Hamborner sehr hart. Wie sehr die Bürger mit ihrer Stadt Hamborn verbunden waren, das kann man noch heute merken. Fragt man ältere Bürger nach ihrem Wohnort, wird man niemals hören, dass sie in Duisburg zu Hause sind. Sie sagen: „Ich wohne in Hamborn."

Die Jagd nach den schwimmenden Fässern

Fast jedes Mal, wenn der Rhein mit seinem Hochwasser über die Ufer trat, richtete er in vielen Teilen Duisburgs große Schäden an. Viele Unternehmen, die sich dicht an der vielbefahrenen Wasserstraße angesiedelt hatten, um von dieser günstigen Lage zu profitieren, erfuhren durch die ansteigenden Fluten des Rheins so manchen Rückschlag. Es gab eigentlich kein Jahr, in dem es nicht mindestens einmal hieß „Land unter".

Als Anfang 1920 der Rhein mit seinem verfrühten Frühjahrshochwasser über die Ufer trat, wurden wieder zahlreiche Unternehmen geschädigt. Obwohl man die langsam ansteigenden Fluten voraussehen konnte, fühlten sich manche Unternehmenseigentümer sicher und hielten es nicht für erforderlich, vorbeugende Maßnahmen zu ergreifen.

So wurden aus dem Lager der Spedition H. Milchsack unter anderem zahlreiche Kanthölzer und Fässer herausgespült. Als man versuchte, die Güter noch zu retten, da war es fast zu spät. Der Fluss hatte sich das meiste schon geholt. Die starke Strömung des Vater Rheins trug diese Gegenstände einfach davon. Etwas weiter flussabwärts, wo der Rhein die seichten Wiesen überflutet hatte, wurden die ersten Fässer bereits wieder angespült. Mit dem Verkauf so eines Fasses konnte man schon ein paar Mark verdienen. Auch die angespülten Kanthölzer wurden nicht verachtet. Man brauchte sie für den Bau eines Schuppens oder einer neuen Gartenlaube. Deshalb begaben sich viele Duisburger an das Flussufer, um nach dem begehrten Treibgut Ausschau zu halten. Teilweise waren die Leute mit Bootshaken, die sie an langen Stangen befestigt hatten, ausgerüstet. So konnten sie vorbeitreibende Fässer und Kanthölzer an das Ufer ziehen, ohne dabei nasse Füße zu bekommen.

Als die Spedition H. Milchsack von diesem Treiben der Duisburger erfuhr, schickten sie sofort einige Arbeiter rheinabwärts. Diese sollten möglichst viel von dem Firmeneigentum retten. Der Versuch der Arbeiter, die Treibgutsammler von ihrem Vorhaben abzuhalten und die bereits gesammelten Fässer zurückzubekommen, scheiterte. Die Arbeiter wurden sogar vom Ufer weggejagt. Erst als sie mit der Polizei anrückten, räumten die Duisburger das Feld. Das meiste hatten sie allerdings schon in Sicherheit gebracht.

Die Spedition H. Milchsack gab daraufhin sofort eine Anzeige in der Rhein- und Ruhrzeitung auf. Dort warnte sie die Treibgutsammler davor, das Eigentum der Spedition weiter zu verkaufen.

Doch viel hatte dies nicht genützt, denn die Finder ließen sich nicht davon abbringen, ihre gesammelten Güter zu veräußern. Den größten Teil der weggeschwemmten Güter hatte der Strom allerdings so weit flussabwärts getragen, dass man auch in Wesel die Fässer der Spedition fand. Selbst in Holland waren einige der Fässer aufgetaucht.

Die spektakuläre Flucht

Die Geschichte, die sich am 3. Juli 1924 abspielte, war weit über die Duisburger Stadtgrenzen hinaus in aller Munde. Heute wäre so etwas undenkbar, doch damals war es noch üblich, dass ganz normale Straßenbahnen zum Häftlingstransport benutzt wurden.

So betrat auch an diesem 3. Juli ein Häftling aus dem Hamborner Gefängnis eine mit zahlreichen Fahrgästen besetzte Straßenbahn. Der Polizeibeamte, der den Häftling bewachte, sollte ihn von Hamborn aus zum Landgericht nach Duisburg bringen.

Plötzlich zückten zwei unbekannte Männer, die sich ebenfalls in der Bahn befanden, ihre Pistolen und schossen auf den Polizeibeamten. Dabei wurde dieser schwer verletzt. Den Männern gelang es, den Gefangenen zu befreien. Als unter den Fahrgästen Panik ausbrach, nutzten dies die Verbrecher aus, um zu flüchten. Weder der flüchtige Gefangene, noch die beiden unbekannten Männer wurden je wieder gefasst.

Daraufhin wurden Gefangenentransporte per Straßenbahn eingestellt. Man zog es aus guten Gründen vor, die Häftlinge mit polizeieigenen Fahrzeugen zu befördern.

Die Einweihung der Wedausportanlagen

Der 25. Juli 1926 war ein großer Tag für viele Duisburger Bürger: Die neue Sportanlage an der Wedau wurde eingeweiht. Eine große Menschenschar hatte sich aufgemacht, um an diesem Ereignis teilzunehmen. Es war eine regelrechte Völkerwanderung, die sich da abspielte. Fast jeder Bürger wollte die neue Sport- und Freizeitanlage sehen.

Der Margaretensee war zu einer großen Schwimmanlage geworden. Weitläufige Wiesen luden ein zum Sonnenbaden und ein breiter, heller Sandstrand konnte einen glauben lassen, irgendwo an der Nord- oder Ostsee zu sein. Einige Leute in Badekleidung planschten bereits am ersten Tag im flachen Uferbereich herum. Ein paar andere schwammen schon weit auf den See hinaus. Wer aber geglaubt hatte, er könne es sich auf der großen Liegewiese gemütlich machen, der hatte sich kräftig getäuscht, denn überall liefen neugierige Besucher herum, so dass kaum noch ein Plätzchen auf dem Rasen frei war.

Es war Sonntag und die meisten Bürger brauchten nicht zu arbeiten. Also nutzte man den freien Tag, um dabei gewesen zu sein. Alle hatten dementsprechend die gute Sonntagsausgehkleidung angezogen. Die Männer trugen Anzüge und die Frauen ihre besten Kleider, die teilweise durch hübsche Hüte ergänzt wurden.

Auch die Kinder waren herausgeputzt worden. Viele von ihnen sah man in modernen Matrosenanzügen. Überall galt scheinbar das Gleiche: Sehen und gesehen werden.

Wem das Getümmel in der Schwimmanlage zuviel wurde, der zog es vor, sich an den danebenliegenden Bertasee zu begeben. Der Bertasee war gut doppelt so groß wie der Margaretensee. Da flanierte man am Ufer entlang und so manche Familie machte sich auf, um eine Runde um das ganze Gewässer herum zu drehen. Jeder, der aber glaubte, dass es hier ruhiger war als am Margaretensee, hatte sich schwer getäuscht. Wer vorher im Freibad noch keinen Bekannten getroffen hatte, der traf spätestens hier auf Freunde und Nachbarn. Ja, selbst entfernte Verwandte, die schon fast in Vergessenheit geraten waren, tauchten plötzlich vor einem auf. Einige Leute gaben sich zur Begrüßung höflich und zurückhaltend die Hand, während andere sich mit Küsschen hier und Küsschen da begrüßten.

Doch nicht alle schlossen sich dem Tross der Flanierenden an. Viele standen einfach am Ufer und beobachteten die ersten Wassersportler, die mit ihren Booten auf dem Bertasee unterwegs waren. Man sah kleine Paddelboote und große Ruderboote, in denen sich einige Männer kräftig in die Riemen legten. Auch ein paar Segler waren zu sehen. Obwohl man an diesem Tag kaum Wind spürte, waren die weißen Segel gewölbt und die Boote machten eine gute Fahrt.

Der Höhepunkt des Tages allerdings war die Einweihungsfeier im großen Sportstadion. Diese Feier hätten gerne mehr gesehen, doch es gab nicht mehr genügend Platz. Mit mehr als 40 000 Besucher war das Wedaustadion schon fast überfüllt. Es waren auch viele geladene Gäste gekommen, zu denen Politiker und Sportgrößen der damaligen Zeit gehörten.

An den hohen Masten, die rund um das Stadion standen, waren bunte Flaggen gehisst worden und die Eingänge waren mit Girlanden ausgeschmückt. Jeder, der das große Glück hatte, die neue Sportarena betreten zu dürfen, hatte sofort das Gefühl, dass ihm im Innenbereich ein ganz besonderes Ereignis erwartet. So war es dann auch. Wer von der großen Menschenmenge,

Duisburg, am Weihetage, den 25 Juli 1926

Zur inneren Gesundung unseres Vaterlandes dient neben Pflege von Geist, Herz und Gemüt die Stählung des Körpers.

Im Sinne dieses hohen Zieles hat die Stadt Duisburg die Sportanlagen in der Wedau geschaffen, die wir heute weihen. Im Land- und Wasserstadion sollen sich die besten zum sportlichen Kampfe stellen. Der schöne breite Strand und die Fluten des Margaretensees sollen Abertausenden die glücklichen und reinen Freuden von Sonne und Wasser schenken. Der Ruderer, Segler, und Paddeler wird sich auf dem Bertasee tummeln können, und auch der Wanderer wird hierher gern seine Schritte lenken.

So mögen die Wedausportanlagen zu einem Born der Gesundung werden!

„Das Ziel erkannt,
Die Kräfte gespannt!"

Dr. Jarres,
Oberbürgermeister

Diesen Beitrag zur Einweihungsfeier leistete der Oberbürgermeister Dr. Karl Jarres.

Geordnet verlassen die Knaben der Sport- und Turnverbände das neue Stadion.

die sich rundherum auf den Rängen befand, noch nicht beeindruckt war, der wurde spätestens von der Veranstaltung übermannt. Viertausend Knaben, alles Mitglieder der Sport- und Turnverbände, marschierten in das Stadion ein. Dabei trugen sie stolz die Banner ihrer Vereine, die sie oben an Fahnenstangen befestigt hatten. Nachdem die Jungen sich ordentlich gruppiert auf dem Rasen aufgestellt hatten, hielt der Oberbürgermeister Dr. Karl Jarres eine Rede und weihte damit offiziell die neue Sportanlage ein. Es war ein sehr feierlicher Moment. Danach marschierten die Knaben wieder aus. Eine Gruppe nach der anderen begab sich zunächst auf die Laufbahn, um dann genauso diszipliniert das Stadion zu verlassen, wie sie es vorher betreten hatten.

Wochenlang noch war die Stadionweihe ein Gesprächsthema und ganz besonders die Bürger, die dabei gewesen waren, hatten viel zu erzählen. Einige Schulklassen, die der Einweihungsfeier beigewohnt hatten, mussten sogar in der Schule einen Aufsatz darüber schreiben. Schließlich zählte die Sportanlage an der Wedau zu den besten und modernsten ihrer Zeit.

Die Eröffnung einer solchen Sportanlage in Duisburg war ein Zeichen des Fortschritts und des euphorischen Aufschwungs, welcher für die Stadt in den zwanziger Jahren zwar nicht alltäglich, aber doch typisch war.

Wir gehen in die Fledermaus

Wenn es in den zwanziger Jahren bei den Duisburgern hieß, wir gehen in die Stadt, dann war damit das Geschäftsviertel im Bereich der Münz-/Beek- und Kasinostraße gemeint.

Zu dem beliebten Geschäftsviertel gehörte der Kreuzungsbereich Münz- und Beekstraße. Die Autos der Marke Ford gehörten genau wie die alten Gaslaternen zum Stadtbild. Wer seinen Weg links in die Beekstraße fortsetzte, der erreichte die Kasinostraße, an der das Weinlokal „Zur Fledermaus“ lag.

Die zahlreichen Geschäfte lockten zwar mit ihren Angeboten, doch die meisten Bürger gingen nicht zum Einkauf in die Stadt. Die Duisburger schlenderten an den Läden vorbei und sahen sich die Auslagen in den Schaufenstern an. Dort erblickte man Dinge, die man zwar ganz gerne hätte, die aber nicht erschwinglich waren.

So ein Bummel durch die Stadt machte die Beine müde und schließlich kehrten die Bürger in eines der Gasthäuser ein. Für ein Gläschen Wein oder Bier waren immer noch ein paar Groschen übrig. Darum hieß es nach so einem Bummel oft: „Wir gehen in die Fledermaus."

Die Gaststätte „Zur Fledermaus" war ein Weinhaus, welches sich bei den Duisburgern einer großen Beliebtheit erfreute. Es lag an der Kasinostraße 24. Man setzte sich gemütlich an einen Tisch und lauschte der original Wiener Schrammelmusik, die dort täglich zum Besten gegeben wurde. Dabei trank man genüsslich einen Moselwein oder einen echten Heurigen aus Österreich. Kein anderes Weinhaus in der Stadt hatte eine so reichliche Auswahl an Rebsäften.

Bei so viel Gemütlichkeit war es kein Wunder, wenn es an manchen Tagen etwas später wurde und man sich erst in der Dunkelheit auf den Heimweg machte, der durch das dürftige Licht der alten Gaslaternen nur schwach ausgeleuchtet war.

Der Reichspräsident kommt

Freitag, der 18. September 1925 war für alle Duisburger ein großer Tag. Aus Anlass der Räumung durch die Besatzungstruppen besuchte der Deutsche Reichspräsident Paul von Hindenburg die Stadt.

Um diesen hohen Besuch drehte sich an diesem Tag alles. Einige Bäckereien boten Hindenburg-Kuchen an und das Moderne Theater an der Königstraße kündigte an, den Hindenburgbesuch zu filmen und ab Sonntag als Einlage in ihren Vorstellungen zu zeigen.

Die Route der Rundreise durch die Stadt war ein Tag vorher in den Zeitungen bekannt gegeben worden. Entlang dieser Strecke hatten sich Tausende aufgestellt, um den Reichspräsidenten zu sehen.

Als die offene Limousine mit Hindenburg, gefolgt von weiteren Fahrzeugen, in die Stadt einrollte, war die Aufregung groß. Zunächst stoppte der Tross auf der Mülheimer Straße vor der Wohnung von Oberbürgermeister Dr. Karl Jarres. Der Bürgermeister begrüßte Hindenburg im Namen aller Bürger. Dann stieg er in die Limousine des Reichspräsidenten, um gemeinsam mit ihm die geplante Stadtrundfahrt anzutreten.

Die Fahrt durch Duisburg glich einem Triumphzug. Mit Fähnchen und Taschentüchern winkten die Bürger dem Reichspräsidenten zu. Wer nicht winkte, der applaudierte, als das offene Auto vorbeifuhr. Hindenburg war von so viel Herzlichkeit beeindruckt und grüßte freundlich lächelnd zurück.

Den Reichspräsidenten erwartete in Duisburg-Ruhrort etwas ganz Besonderes. Die Rheinschifffahrt bereitete ihm einen Empfang von, wie es in der Tagespresse zu lesen war, „weihevoller Größe und tiefem Ernst“. Mehr als 150 Kapitäne, Schiffsführer, Steuerleute und Matrosen hatten sich aufgestellt. Sie trugen die Fahnen der verschiedenen Rheinreedereien, die in all ihrer bunten Farbenpracht weithin leuchteten. Davor hatte sich eine Gruppe Mädchen gestellt. Sie trugen alle schneeweiße Kleider. In der Mitte dieser Gruppe befanden sich drei Schiffsjungen.

Als der Reichspräsident vor dieser festlichen Kulisse stand, trat der größte der drei Schiffsjungen hervor und sagte ein Gedicht auf:

„Willkommen hier bei uns, du vielverehrter,
Du unseres neuen Reiches erster Mann,
Die Schifffahrt streckt die Maste
hoch wie Schwerter,
Aus allen Wimpeln weht uns Hoffnung an.

Wir haben viel um unser Reich erlitten,
Not hat ein Gutes doch, sie macht uns treu,
Und geht's auch weiter nur mit
schweren Schritten,
Wir lieben Deutschland
immer wieder neu.“

Anschließend trat eines der Mädchen an Hindenburg heran und überreichte ihm einen Strauß roter Rosen.

Nach diesem Festakt führte der Oberbürgermeister Dr. Jarres den Reichspräsidenten auf die Hafenbrücke hinauf. Ein großes Gefolge begleitete sie. Oben blieb der Reichspräsident stehen und nahm seinen Zylinder ab. Unter ihm lagen viele Schiffe und ein jedes war zur Feier des Tages mit bunten Fahnen geschmückt worden. Ein Böllerschuss nach dem anderen krachte über den Rhein. Der Reichspräsident schwieg und blickte minutenlang, offensichtlich tief bewegt, auf das Bild, das sich ihm bot.

Als Hindenburg seinen Besuch beendete, gab er dem Oberbürgermeister zu verstehen, dass er von der Stadt und von den Duisburger Bürgern sehr beeindruckt war.

Der Straßenbahnbetrieb im alten Duisburg

Eine Straßenbahnfahrt gehörte für viele Duisburger Bürger schon seit Beginn des letzten Jahrhunderts zur alltäglichen Gewohnheit. Der Straßenbahnbetrieb war schon damals rheinüberschreitend. Immer wieder wurden neue Linien eröffnet. Die Strecken führten sogar bis in die Nachbarorte.

Als 1914 der Erste Weltkrieg ausbrach, stockte zunächst der Betrieb der Kaiserlichen Reichs Straßenbahn. Dann aber kam es zu einer Produktionssteigerung der Schwerindustrie. Eine ganze Reihe von Betrieben lag entlang der Straßenbahnstrecken. Darunter waren 17 Kohleschächte. Hinzu kamen noch einige Werke von Thyssen, Rheinstahl und Phönix. Die Steigerung der Produktion dieser Betriebe führte auch zu einem rapiden Anstieg an Belegschaftsmitgliedern. So musste die KRS auf diesen Strecken eine größere Anzahl an Straßenbahnen zur Verfügung stellen.

Jede Straßenbahnlinie wurde damals durch ein farbiges Licht oder ein farbiges Schild gekennzeichnet. Daran konnten die Fahrgäste erkennen, in welche Bahn sie einsteigen mussten. So fuhr zum Beispiel die Linie D, die mit einem weißen Licht gekennzeichnet war, die Strecke vom Meidericher Südbahnhof bis zum Dinslakener Bahnhof. Die Zwischenhaltestellen waren der Neumühler Bahnhof, das Rathaus Hamborn,

Marxloh, die Haltestelle Schwan in Aldenrade und das Waldschlösschen. Für diese Fahrt brauchte die Straßenbahn eine Stunde und drei Minuten. Der Fahrpreis betrug genau 55 Pfennig. Es gab aber auch wesentlich billigere Strecken. Wer die mit einem blauen Licht gekennzeichnete Linie S nutzte, der zahlte nur 15 Pfennig. Dafür betrug die Fahrzeit vom Ruhrorter Karlsplatz über Waage, Postamt Meiderich bis zum Bahnhof Meiderich Süd nicht mehr als 20 Minuten.

In dieser Zeit bekam die KRS die Aufgabe zugeteilt, den Güterverkehr zwischen Neumühl und den Zellstoffwerken in Walsum zu übernehmen. Zu diesem Zweck wurden extra fünf elektrische Lokomotiven und 32 Güterwagen zur Verfügung gestellt. Nach und nach ging der Güterverkehr per Straßenbahn aber wieder zurück. Im Jahr 1923, als die Ruhrregion besetzt war, gab es noch einmal einen Auftrieb des Straßenbahn-Güterverkehrs.

Trotzdem mussten einige Stadtteile sehr lange auf ihre erste Bahnverbindung warten. Die Einweihung einer neuen Straßenbahnlinie war jedes Mal ein regelrechtes Volksfest.

Am 7. Mai 1928 hatten die Bürger der Stadtteile Beeck und Beeckerwerth einen Grund zu feiern. Endlich gab es auch hier eine Straßenbahn, die ihre beiden Stadtteile miteinander verband. Obwohl es ein Montag war und die meisten Bürger arbeiten mussten, fand sich eine große Zahl von Schaulustigen ein. Es gab Leute von der Presse und Fotografen, die dieses Ereignis festhalten wollten.

Zur Feier des Tages war der Straßenbahnwagen mit bunten Girlanden geschmückt worden. An den Seiten des Daches sah man Fähnchen im Wind flattern.

Es war ein feierlicher Moment, als sich die festlich geschmückte Straßenbahn zu ihrer ersten Fahrt nach Beeck aufmachte.

Eigentlich war so ein Straßenbahnwagen in Duisburg nichts Besonderes. Trotzdem stiegen viele Bürger vorne in den Wagen ein, um gleich wieder durch die hintere Türe auszusteigen. Sie wollten die neue Bahn nur besichtigen. Dennoch war bei der ersten Fahrt nicht einmal mehr ein Stehplatz frei. Jetzt hatten endlich auch Beeck und Beeckerwerth eine Straßenbahn.

Eine Automobilausstellung

Im September 1926 fand auf einem Gelände vor den neuen Wedausportanlagen eine Veranstaltung statt, die zu der damaligen Zeit Seltenheitswert hatte. Plakate kündigten die erste Automobilausstellung in Duisburg an.

Die ansässigen Autohändler hatten diese Veranstaltung, die besonders beim männlichen Publikum Anklang fand, organisiert. Staunend standen die Besucher vor den polierten Neufahrzeugen der Marken Opel und Steyr. Die Marke Hanomag war durch den Zweisitzer vertreten, dem der Volksmund auf Grund seiner Form den Namen „Kommissbrot“ gegeben hatte. Das Auto konnte in einen Viersitzer umgewandelt werden, indem man den Kofferraum mit den integrierten Notsitzen öffnete. Auch die Ballonbereifung galt als etwas ganz Besonderes. Das meist umringte Auto war aber der Buick Modell 25. Der Wagen wurde vom Autopalast Rütgers in Düsseldorf ausgestellt. Dieses Auto hatte die Deutsche Dauerprüfungsfahrt von Düsseldorf nach Trier, die vom 4. bis 7. Juli durchgeführt worden war, als Sieger seiner Klasse abgeschlossen. Es war eine Prüfungsfahrt, die als besonders schwierig galt, denn immerhin verlief die 1137 km lange Strecke über unwegsame und bergige Eifelstraßen.

So mancher Duisburger setzte sich hinter das Steuer eines Ausstellungsfahrzeuges und träumte davon, auch einmal so nobel zu fahren.

Mutti, ich möchte zur Wanderschau!

Wie in allen großen Städten, gastierte auch in Duisburg regelmäßig irgendeine Wanderschau. So ein Ereignis war immer etwas ganz Besonderes. Eine Wanderschau war eine Art Mischung aus Kirmes und Zirkus. Den Besuchern wurde viel geboten.

Kaum waren die bunten Plakate, die auf eine Wanderschau hinwiesen, angebracht, entdeckten die Kinder sie. Sie rannten dann sofort nach Hause, um lauthals zu verkünden: „Mutti, ich möchte zur Wanderschau!“

In der Wanderschau Busch, die am 6. Juli 1924 auf dem Platz an der Ruhrorter Straße eröffnete, wurden sensationelle Attraktionen geboten. So konnten die Kinder, wie auch die Erwachsenen mit der berühmten Gebirgs-Railway-Bahn fahren. Es gab aber noch ein zweites Fahrgeschäft, welches sich Stufenbahn nannte. Diese Fahrten galten damals als besonderes Vergnügen.

Wer sich für andere Dinge interessierte, der konnte sich in die „Wissenschaftliche Mikroschau“ begeben. Dort wurden dem Besucher unter anderem kleine Insekten aus aller Welt präsentiert. Viele der weiblichen Besucher rümpften über diese kleinen Krabbeltiere aber nur die Nase. Man hörte so manchen abwertenden Kommentar. So äußerte eine ältere Dame, dass es ja wohl genug Ungeziefer in Duisburg gebe.

Eine weitere Attraktion war der damals berühmt-berüchtigte Flohzirkus. Die Wanderschau Busch rühmte sich damit, dreihundert dressierte Flöhe zu besitzen. Bei der Vorführung stand das Publikum um einen Tisch herum, auf dem die Minimanege aufgebaut war. Besonders die Kinder schauten mit großen Augen zu, wie die winzigen Flöhe durch Reifen sprangen und kleine Kutschen hinter sich herzogen. Nach dieser Vorführung waren die Besucher sich aber einig, dass es niemals dreihundert Flöhe waren, die sie da zu Gesicht bekommen hatten.

Am beliebtesten war bei den Duisburgern der große Liliputanerzirkus. Zu Beginn dieser Schau trat Direktor Willi Busch persönlich vor das Publikum, um die „kleinsten Künstler der

Im Jahre 1924 gastierte die Wanderschau Busch in Duisburg. Überall auf den Hauswänden und Litfaßsäulen klebten diese Plakate.

ganzen Welt“ anzukündigen. Die Liliputaner zeigten ihr ganzes Können. Sie stiegen auf das Hochseil, jonglierten mit Bällen und Keulen und präsentierten eine menschliche Pyramide. Zum Abschluss führten die kleinen Menschen noch eine Clown-Nummer vor, mit der sie das Duisburger Publikum zum Lachen brachten.

Auf alle diese Attraktionen wurde auch in großen Zeitungsanzeigen hingewiesen. Da war unter anderem zu lesen, dass auch ein „aufregender Flug- und Autosport“ zu sehen sei. Diese Ankündigung ließ natürlich besonders die Herzen der Väter und Söhne höher schlagen. Doch wer ein Flugzeug sehen wollte, welches sich in die Lüfte erhob, um dort einige Kunstfiguren zu fliegen, der wurde genauso enttäuscht, wie diejenigen, die ein Automobilrennen zu sehen hofften.

Gewiss, man konnte sich einen alten Doppeldecker und zwei Rennautos anschauen, doch es wurde weder geflogen, noch gefahren. Angeblich waren die Piloten krank und man hatte keinen Ersatz gefunden.

Trotzdem war die Wanderschau in aller Munde und wer es sich leisten konnte, besuchte sie mehrmals. Schließlich gastierte die Schau ganze acht Tage lang in Duisburg.

Die Pitschdopp Lissbeth und der Bensel Hannes

Eigentlich war es ja eher ein Spiel, welches die Jungen bevorzugten, das Pitschdopp-Spiel. Dazu benötigte man einen kleinen Kreisel aus Holz, dessen Spitze mit Metall überzogen war. Dieser Kreisel wurde mit der Spitze auf den Boden gestellt und mit den Händen angedreht. Dann schlug man mit einer kleinen, meist selbst gebastelten Peitsche seitlich dagegen. Manche Künstler im Pitschdoppen drehten die Schnur ihrer Pitsche (Peitsche) um den Holzkreisel und starteten dessen Drehung durch ein schnelles Wegziehen der Pitsche. Wer es schaffte, seinen Kreisel möglichst lange „am Drehen" zu halten, war hoch anerkannt. Im Block, der zwischen Goethe- und Körnerstraße lag, wurde die Meisterschaft im Pitschdoppen fast ausschließlich unter den Jungen ausgetragen. Der Beste von ihnen wurde zum Blockmeister ernannt.

Es war nicht immer leicht, einen passenden Platz zum Pitschdoppen zu finden, denn es wurde ein möglichst glatter Untergrund benötigt. Da die meisten Straßen mit ihrem Kopfsteinpflasterbelag untauglich waren, musste man mit den staubigen Hinterhöfen vorlieb nehmen. Das gab allerdings oft Ärger, denn fast immer waren an den Wäschestangen die Leinen gespannt und die Wäsche war zum Trocknen aufgehängt. Wenn man seinen Kreisel mit der Pitsche vor sich hertrieb und die Schnur dabei mal auf den staubigen Boden schlug, dann wirbelte man manchmal eine Menge Dreck auf. Davon blieb natürlich auch die frisch gewaschene Wäsche nicht verschont. Wie gesagt, deshalb gab es häufig Ärger.

Aus diesem Grund zogen die Kinder oft ein paar Häuserblocks weiter. Dort gab es eine Straße mit Teerbelag. Diese Straße war der Treffpunkt aller Pitschdopper aus der ganzen Gegend. Der Blockmeister ging nicht so gerne dorthin, denn da gab es die Pitschdopp Lissbeth. Keiner konnte so gut den Kreisel antreiben wie sie, und die Jungen ärgerten sich darüber, dass es ausgerechnet ein Mädchen war, das ihnen zeigte, wie es richtig ging.

Es gab allerdings noch ein anderes Spiel, in dem die Jungen den Mädchen aber konkurrenzlos überlegen waren, das Spiel mit dem „Bensel“. Der Bensel war ein Fahrradreifen, aus dem man die Speichen entfernt hatte. Diesen Reifen rollten die Jungen kurz an. Dann rannten sie neben ihm her. Dabei schlugen sie mit einem Stock von hinten drauf und trieben den Bensel so vor sich her. Auch hier gab es wahre Meister, die in der Lage waren, den Bensel um einen ganzen Häuserblock zu treiben. Dabei störte auch das unbeliebte Kopfsteinpflaster nicht.

Es gab einen Jungen, der hatte in diesem Spiel die allergrößte Ausdauer. Er wurde Bensel Hannes von der Körnerstraße genannt und schaffte einige Blockrunden am Stück. Leider hatten nicht alle Jungen einen Bensel, denn es war schwer, sich so einen Reifen zu besorgen. Alte Fahrradreifen wurden damals nur weggeworfen, wenn sie wirklich nicht mehr zu gebrauchen waren und ein Reifen mit einer Acht war auch als Bensel unbrauchbar.

So kam es häufig vor, dass die Jungen sich einen geeigneten Reifen schlicht und einfach stibitzten. Natürlich wagte es keiner, ein abgestelltes Fahrrad auseinander zu schrauben.

Die Jungen hatten andere Methoden. Regelmäßig zog der „Klüngelspitt" mit seinem Pferdegespann durch die Straßen. Dann hörte man schon von weitem sein Flötenspiel. Wenn der Klüngelspitt seine Flötentöne unterbrach, dann vernahm man seine melodische Stimme: „Luuumpen, Alteisen, Luuumpen, Alteisen!" Der Mann wurde auch als „Lumpenpitt" oder schlicht als „Klüngelskerl" bezeichnet. Jedes Mal, wenn er kam, dann begutachteten die Jungen das, was er bereits auf seinen Wagen geladen hatte. Und wehe, der Klüngelspitt hatte einen Fahrradreifen. Dann wurde er heimlich verfolgt und wenn er in einem Haus verschwand, um etwas abzuholen, dann schlugen die Jungen zu. Natürlich war das Stibitzen eines Reifens eine gefährliche Angelegenheit, doch was tat man nicht alles, um einen eigenen Bensel zu besitzen.

Zum Wohl, ihr Ratsherren!

Das Duisburger Rathaus gehörte schon immer zu den prunkvollsten Gebäuden der Stadt. Es musste schließlich dem Stadtrat würdig sein. So manches Mal dachten die Mitglieder des Rates mehr an ihr eigenes Wohl als an das der Bürger.

Obwohl die Geschichte über das damalige Wirken der Ratsherren in der allseits bekannten „Weinschule" in der heutigen Zeit schon fast in Vergessenheit geraten ist, können sich viele ältere Bürger noch gut daran erinnern.

Die Straße, die heute als Rathausbogen bezeichnet wird, hieß einst Weinhausmarkt.

Diese historische Postkarte aus den zwanziger Jahren zeigt das Rathaus vom alten Markt aus gesehen. Der Weinhausmarkt befand sich hinter dem Rathaus. Die Häuser auf der rechten Seite stehen heute nicht mehr.

Für diese Bezeichnung gab es einen triftigen Grund. Da hatte die Stadt Duisburg auf der Rathausseite, die zum Burgplatz ausgerichtet ist, eine ganz besondere Institution eingerichtet. Dort befand sich in den Erdgeschossräumen des Rathauses die berühmte „Weinschule“.

Der eigentliche Sinn dieser Weinschule bestand darin, vornehme Gäste der Stadt mit Ratswein zu bewirten.

Doch da auch die Ratsherren durstige Gesellen waren, nutzten sie diese Einrichtung meist für sich selbst. Regelmäßig trafen sie sich nach der Arbeit im Rat dort zum Trunke. In der Weinschule wurde dann weiterdebattiert. Natürlich musste das Ergebnis dieser Debatte weitergegeben werden. Also schickte man einen Boten aus. Dieser wurde mit einem Trunke entlassen. Hatte der Bote seinen Auftrag erledigt und kehrte zurück, so wurde er mit einem Willkommenstrunk empfangen.

Natürlich konnten die Ratsherren den Boten nicht alleine trinken lassen. So hieß es jedes Mal: „Zum Wohl, ihr Ratsherren!“

Lass das mal die Mutti machen

Es war Sommer und man schrieb das Jahr 1926. Die Arbeitslage war nicht schlecht und wer sein Geld einigermaßen gut einteilte, der konnte sich auch die eine oder andere Kleinigkeit leisten.

Papa brachte das Geld nach Hause und Mutti teilte es ein. Freitags kam Papa immer etwas später von der Arbeit heim, denn Freitag war Zahltag. An diesem Tag trank er regelmäßig zusammen mit seinen Kollegen von der Ruhrorter Werft nach Feierabend noch ein paar Bier. Dann setzte er sich auf sein Fahrrad und fuhr nach Hause. Dort lieferte er bei Mutti seine Lohntüte ab. Papa hatte einen Stundenlohn von 93 Pfennig und je nach dem wie viel er gearbeitet hatte, war in der Tüte mal mehr und mal weniger drin. Auf der Lohntüte konnte man den Wochenlohn ablesen. Er lag so zwischen 55 und 60 Mark. Doch egal was darauf stand, jedes Mal wenn Mutti hineingriff, hatte sie genau 50 Mark in der Hand. Das fehlende Geld war in Papas Tasche gelandet. Wie Mutti das Geld aus der Lohntüte einteilte, entschied sie selbst. Papa sagte immer: „Lass das mal die Mutti machen."

Ein Teil des Geldes legte Mutti in eine Blechdose. Es war der Anteil für die Miete. Wenn keiner zusah, nahm Mutti aus dem Schlafzimmerschrank einen Zuckertopf, den sie hinter einem Wäschestapel versteckt hatte, und legte an jedem Lohntag 3 Mark hinein. Das war allerdings ihr Geheimnis.

Dann ging Mutti einkaufen, damit die Familie am Wochenende versorgt war. Der Einkauf war nicht billig, denn immerhin waren da noch drei Kinder mit zu versorgen und Mutti kaufte nur dort, wo es am günstigsten war. Im Laden um die Ecke kosteten 10 Kilogramm Kartoffeln 80 Pfennig, genau so viel wie die 2-Pfund-Dose Rollmöpse. Für eine Dose Erbsen bezahlte sie 1,10 Mark. Doch freitags ließ Mutti immer etwas mehr Geld beim Kaufmann, denn schließlich musste noch das bezahlt werden, was sie in den letzten zwei Tagen anschreiben ließ. Beim Metzger nebenan kaufte sie für 2,50 Mark ein Kilogramm Schweinefleisch für den Sonntagsbraten und 1 Pfund Blockwurst für 1,60 Mark. Muttis freitäglicher Einkauf lief fast immer gleich ab und nach dem Metzger ging es zum Bäcker, um Brot zu holen. Schwerbepackt kam sie nach Hause und lud das Gekaufte ab. Der Einkauf war aber noch nicht zu Ende, denn Mutti nahm die große Blechkanne und begab sich zum Milchladen, der zwei Straßen weiter lag. Die Kanne hatte einen großen Henkel und fasste 3 Liter. Im Milchladen angekommen, übergab Mutti der Frau hinter der Theke die Kanne. Das Gefäß wurde unter eine Zapfanlage gestellt. Die Frau zog einen langen Hebel herunter und pumpte so die frische Milch in die Kanne. Bei einem Zug am Hebel floss genau ein halber Liter Milch in das Gefäß. Die Frau musste sechsmal pumpen, um die Wochenendration Milch für die fünfköpfige Familie in die Kanne zu befördern. Das kostete 1,50 Mark. Dazu kamen noch ein halbes Pfund Butter für 90 Pfennig und 5 Eier für eine Mark. Das machte zusammen 3,40 Mark. Da Mutti im Milchladen aber immer 3% Rabatt aushandelte, sparte sie einen ganzen Groschen.

Samstagmorgens wurden die Anzeigen in der Zeitung sorgfältig gelesen. Die Geschäfte in der Stadtmitte warben mit zahlreichen Sonderangeboten und so begab sich die ganze Familie in die Innenstadt. Muttis altes Nachthemd war schon einige Mal gestopft worden und so kaufte sie sich ein neues für 1,95 Mark sowie ein Paar Baumwollstrümpfe für 28 Pfennig. Papa bekam ein Hemd für 3,90 Mark und einen Binder für 45 Pfennig. Bei Gerson auf der Beekstraße hing ein großes Schild im Fenster: „Kleiderbügel, Holzlöffel, Kartoffelstampfer, Zuckerdose, Mundharmonika, jedes Teil nur 25 Pfennig!" Das traf sich gut, denn gerade gestern war der Kartoffelstampfer kaputtgegangen.

Wieder zu Hause angekommen, rechnete Mutti sofort nach, wie viel sie durch den Kauf von Sonderangeboten gespart hat. Diese Summe legte sie zusammen mit dem Groschen, den sie gestern im Milchladen eingespart hatte, heimlich in den Zuckertopf im Schlafzimmerschrank.

Als die Familie am Sonntag vor ihrem Braten saß, erklärte Papa, dass er am kommenden Wochenende bereits ab Freitag frei haben wird, weil einige Trockendocks geflutet werden und sie dann nicht arbeiten können. Er schlug vor, bei schönem Wetter mit der Familie in die Ruhrwiesen zu gehen, um dort zu picknicken. Daraufhin stand Mutti auf und holte die Tageszeitung. Suchend blätterte sie darin herum und zeigte Papa eine Anzeige. Der las diese laut vor: „Luftkurort Remagen, Hotel Bergischer Hof, Übernachtung bei guter Verpflegung, 6 Mark.“ Papa lachte nur und meinte, dass unsere Familie sich so etwas nicht leisten könnte. Da holte Mutti ihren Zuckertopf aus dem Schlafzimmer und entleerte den Inhalt auf den Tisch. Sie erklärte, dass es genug für zwei Übernachtungen und die Zugfahrt sei und dass noch genug Taschengeld übrig wäre, um mal wieder Eis essen zu gehen. Mutti hatte bereits alles genau ausgerechnet. Die Kinder freuten sich und Papa meinte, er wüsste, warum er immer sagt: „Lass das mal die Mutti machen.“

So oder ähnlich erging es den meisten Duisburger Familien. Man hatte nicht allzu viel und dennoch gönnte man sich etwas.

Die Höhere Töchterschule

Es gab eine Zeit, da konnten die jungen Männer gar nicht oft genug an der Landgerichtsstraße vorbeischlendern. Dort stand das imposante Gebäude der Höheren Töchterschule. Die Mädchen aus den Oberstufen hatten es den Duisburger Jungen angetan und sie versuchten, den einen oder anderen Blick auf die Schülerinnen zu erhaschen. Diese Schülerinnen waren anders als die normalen Mädchen. Sie hatten schönere Frisuren und trugen vornehme Kleider und das zu einer Zeit, in der viele Kinder noch barfuß zur Schule gingen. Wenn sich eines der Mädchen am Fenster blicken ließ, dann erklang so manches Mal ein anerkennender Pfiff von der Straße herauf. Doch die Schülerinnen hielten oft nicht viel von dem burschikosen Verhalten der jungen Männer. Schließlich waren sie etwas Besseres und das wollte man zur damaligen Zeit auch zeigen.

Es waren die Töchter von reichen Kaufleuten, Direktoren, höheren Beamten und Großindustriellen, die diese exklusive Lehranstalt besuchten. Doch auch so manche Bürgerliche, deren Eltern genug Geld angespart hatten, besuchten die Höhere Töchterschule, die für Mädchen katholischer sowie evangelischer Konfession ausgelegt war.

Das Schulgebäude entstand bereits in den Jahren 1883 bis 1884. Die Duisburger Familie Rath hatte dafür ein großes Gartengelände hergegeben. Ein bekannter Bauinspektor namens Quedenfeld lieferte die Baupläne.

Besonders beeindruckend war die große Aula der Schule. Die Wände waren im unteren Bereich mit edlem Holz vertäfelt worden. Die oberen Teile der Wände und die Decke waren reichlich verziert. Über dem Aulapodium prangten große Gemälde der Kaiserlichen Majestäten Wilhelm I. und Wilhelm II. Das größte Bild hing genau in der Mitte und zeigte Königin Luise, die Mutter von Wilhelm I. Die goldverzierten Rahmen der Gemälde waren oben mit Kronen bestückt. In den zwanziger Jahren wurden oft Klassen von anderen Mädchenschulen durch das Gebäude geführt, um Interesse an der Höheren Töchterschule zu wecken. Wenn diese die prachtvolle Aula betraten, waren sie oft von der Schönheit dieses Raumes ergriffen.

Im Zweiten Weltkrieg, genau am 13. Mai 1943, trafen gleich mehrere Bomben das Gebäude und zerstörten die Schule. 1958 baute man es wieder auf. Es wurde später zum Frau-Rat-Goethe-Gymnasium.

Der Stroux wird's richten

Nicht nur jeder Hamborner kannte Dr. Heinrich Stroux. Der Mediziner gehörte damals zu den wohl bekanntesten Männern Hamborns. Er war weit über die Grenzen des Stadtteils hinaus bekannt und das nicht nur, weil er ein Arzt war, der hervorragende Diagnosen stellte. Er war ein Mann, der immer für seine Patienten da war und auch noch nachts, wenn jemand an seiner Türe schellte, aus dem Bett stieg, um zu helfen. So geschah es, dass einmal zur nachtschlafenden Zeit zwischen 1.00 und 2.00 Uhr ein Patient bei ihm vorstellig wurde. Dr. Stroux öffnete das Fenster und brachte es fertig, aus dem ersten Stock seines Hauses heraus mit Hilfe einer Taschenlampe zu diagnostizieren, dass der Patient keine Mandelentzündung hatte, sondern nur erkältet war. Die erforderliche Medizin allerdings wurde im Erdgeschoss angereicht.

Doch nicht nur solche Anekdoten machten Dr. Stroux berühmt. Er war bei seinen Patienten so beliebt, weil er ihnen seine Diagnosen auf eine unverwechselbar originelle Art mitteilte, so ganz von Mensch zu Mensch. Es kam nicht selten vor, dass seine Patienten schmunzelnd die Praxis verließen.

Die alten Hamborner können sich noch heute daran erinnern, dass vor seiner Praxistür immer ein Hund lag. Es war ein Boxer, der tief schlief und über den man hinwegsteigen musste, um in die Praxis zu gelangen.

Andere erinnern sich daran, dass sie im gefüllten Wartezimmer saßen, um sich von Dr. Stroux behandeln zu lassen. Als eine Patientin das Behandlungszimmer verließ, warteten die anderen auf die Aufforderung des Doktors: „Der Nächste bitte!“ Doch es tat sich nichts. Als es auch nach geraumer Zeit immer noch nicht weiterging, erkundigten die Patienten sich bei der Sprechstundenhilfe. Diese schaute nach und stellte fest, dass der Mediziner laut schnarchend an seinem Schreibtisch saß und schlief. Er hatte sich mal wieder so für seine Patienten verausgabt, dass er während der Sprechstunde eingeschlafen war.

Dr. Stroux war bei „seinen Hambornern“ sehr beliebt und sein damaliges Schaffen ging in die Stadtgeschichte ein.

Die Zeit der Inflation

Der Aufschwung, der zu Beginn der zwanziger Jahre in Duisburg herrschte, bekam schon sehr bald einen heftigen Dämpfer. Anfang 1921 begann die Besetzung durch französisch-belgische Truppen. Das war allerdings nur eine Vorhut, denn die eigentliche Besetzung folgte im Januar 1923.

Die rasant ansteigende Inflation hatte Ende 1923 ihren tragischen Höhepunkt erreicht. Um den immer größer werdenden Zahlenangaben auf den Geldscheinen nachzukommen, druckte die Stadt ihr eigenes Geld. Ein Geldschein über hundert Billionen Mark war nichts Besonderes. Als die großen Unternehmen dazu übergingen, ihre Mitarbeiter nicht mehr mit Geld, sondern mit Gutscheinen zu entlohnen, war die Verwirrung groß. Man konnte in den Geschäften nun mit Geld oder Gutscheinen von Krupp, Thyssen und Co. bezahlen. Diese Gutscheine verfielen aber zu einer bestimmten Zeit. Wann dies war, konnte man in der Zeitung nachlesen. Da las man dann zum Beispiel, dass die Kabelwerke zur Einlösung der Gutscheine bis 500 Millionen Mark aufriefen. Es stand einem frei, mit den Gutscheinen zu bezahlen oder sie bei der Bank in richtiges Geld umzutauschen.

Auch wenn es sich gut anhört, dass nun jeder in der Stadt ein Multimillionär war (der Wochenlohn eines Küchenmädchens betrug 12 Billionen Mark!), es war eine der teuersten

Zeiten. Musste man im November 1923 für eine Postkarte nur 500 Millionen Mark ausgeben, so kostete ein Brief bereits das Doppelte. Eine Straßenbahnfahrt über vier Teilstrecken kostete 320 Milliarden Mark.

Viele Damen blieben vor dem Schaufenster des Schuhgeschäftes Wessling auf dem Sonnenwall stehen und blickten entzückt auf die Glanzchrom-Halbschuhe. Als sie aber den Preis von 13 400 Billionen Mark sahen, seufzten sie nur und gingen weiter.

Natürlich gab es auch zu dieser Zeit noch Sonderangebote. Paul Conitzer, der sein Geschäft auf der Beekstraße hatte, bot weiße Batist-Taschentücher für den Herren für läppische 650 Milliarden Mark das Stück an.

Ein Fischgeschäft auf der Wanheimer Straße in Hochfeld inserierte in der Zeitung den Eingang von frischer Ware. Da wurden holländische Vollheringe für 100 Milliarden Mark pro Fisch angeboten. Das Einpackpapier war allerdings selber mitzubringen. Bei Luxusgütern war der Preis immer in Dollar angegeben. Im Automobilhaus Rohlmann auf der Papenstraße kostete der neue Renault 6HP 1000 Dollar. Es hörte sich nicht viel an, doch der Gegenwert eines Dollars betrug 4 200 000 000 000 Mark.

Ein Bürger, der sich über die Situation in der Stadt informieren wollte, der musste erst einmal 200 Milliarden Mark auf den Tisch legen, denn das war der Preis für die Morgenausgabe der Rhein- und Ruhrzeitung im Dezember.

Wie überall in Deutschland, gab es auch in Duisburg zahlreiche Demonstrationen gegen diese unerträglichen Missstände. Dabei kam es häufig zu Ausschreitungen und handfesten Prügeleien. Am 15.November gab es in Hamborn endlich das erste stabile Geld. Es war das Thyssengeld, mit dem man aber erst ab Dezember bezahlen konnte. Trotzdem konnten die Duisburger noch nicht aufatmen. Ausgerechnet zur Weihnachtszeit gab es viel Kurzarbeit und es kam sogar zu zahlreichen Entlassungen. Dann aber ging es langsam wieder aufwärts.

Die Abbildungen zeigen einige der stadteigenen Geld- und Gutscheine, die während der Inflationszeit im Umlauf waren.

Die Ruhrorter Kinder

Jedes Schiff, das im Duisburg-Ruhrorter Hafen einläuft, hat ein ganz bestimmtes Ziel. Je nach Ladung fährt es die Ölinsel, die Stahlinsel, die Schrottinsel oder die Kohleinsel an.

Früher brachten die Schiffe überwiegend Schrott nach Duisburg. Bei der Einfahrt der Schiffe standen die Kinder am Kai und winkten den Schiffsbesatzungen zu. Dabei achteten die Kinder darauf, woher die Schiffe kamen. Das konnten sie an den Flaggen am Heck erkennen. Die Schiffe kamen aus Holland, Belgien, Frankreich und anderen Ländern. Wenn dann auch einmal ein großes Küstenmotorschiff einlief, welches die Binnenschiffe weit überragte, dann war das immer etwas ganz Besonderes.

Diese alte Postkarte zeigt die Schifferbörse. Dort trafen sich die Partikuliere. Für die Ruhrorter Kinder war es ein genauso beliebter Tummelplatz wie der Hafenkai.

Obwohl die Kinder es eigentlich nicht durften, schlichen sie dorthin, wo die Schiffe ihre Ladungen löschten. Besonders die Jungen schauten gerne dabei zu, wenn die riesigen Kräne ihre großen Greifer, die mächtigen Händen glichen, im Schiffsrumpf versenkten, um dann mit Schrott gefüllt wieder herauszukommen.

Die Partikuliere von heute wissen im Voraus, wie ihre neue Ladung aussieht. Früher aber fanden sie sich in der Schifferbörse ein. Dort wurden die Aufträge für die nächste Fahrt vergeben. So konnte man zum Beispiel eine Ladung Getreide für Basel oder Kohle für Rotterdam ordern.

Genauso gerne wie an den Hafenbecken, hielten sich die Ruhrorter Kinder auch vor der Schifferbörse auf. Nur hier konnten sie ein Ratespiel spielen, welches sonst nirgendwo in Duisburg gespielt wurde. Dieses Spiel war von den Kindern aus diesem Stadtteil erfunden worden. Zunächst belauschten sie die Unterhaltungen der Schiffer. Wenn sie eine fremde Sprache hörten, musste jedes Kind raten, aus welchem Land dieser Schiffer kam. Danach wurde der Schiffer persönlich nach seiner Herkunft gefragt. Das Kind, das die meisten Sprachen richtig riet, hatte dieses Spiel gewonnen. Viele Eltern hatten ihren Kindern verboten, mit den Schiffern zu reden. Die Eltern trauten diesen Fremden nicht. Deshalb erzählte so manche Mutter ihrem Kind, dass einige Partikuliere Kinder auf ihre Schiffe entführten und dort in einen dunklen Raum einsperrten. Kaum hatte das Schiff dann abgelegt, musste das gefangene Kind an Bord hart arbeiten. Wenn es für die Arbeit zu schwach wurde, warf man es einfach über Bord. Solche Schauergeschichten waren damals weit verbreitet.

Trotzdem hatten die Kinder wenig Respekt vor den Schiffern. Ein Kind, welches sich gar wagte, auf eines der Schiffe zu schleichen, galt als besonders mutig. Wer es dann noch schaffte, den gesamten Kahn, immer an der Reling entlang, einmal zu umrunden, der war ein Held. Viele Partikuliere legten einen Tag Pause ein, wenn sie im Hafen festgemacht hatten. Dann begaben sie sich in die Ruhrorter Altstadt. So mancher von ihnen hatte dort ein Mädchen, das er jedes Mal besuchte, wenn er in Duisburg war. Die meisten Schiffer aber begaben sich in eine der verruchten Hafenkneipen, die es in Ruhrort gab. So sah man manchmal schon tagsüber einen sturzbetrunkenen Schiffer zu seinem Kahn torkeln. Dann gab es für die Ruhrorter Kinder nichts Schöneres, als diesen Betrunkenen zu ärgern. Einige mutige Jungen tanzten wild um ihn herum und sangen:

„So ein Seemann, der ist lustig,
so ein Seemann, der ist schön,
und den kann man schon am Tag dann,
durch ganz Ruhrort torkeln seh'n."

Wenn der Schiffer dann vergeblich versuchte, eines der Kinder zu schnappen, wurde er höhnisch ausgelacht.

Für jeden dieser Lausbuben stand fest, dass es etwas ganz Besonderes war, ein echter „Ruhrorter Jung" zu sein.

Wenn der Dr. Warden sang

Was waren das noch für Zeiten, als Hamborn noch drei bedeutende „Kunst- und Erholungsstätten“ hatte. Da war das Apollotheater, ein großes Haus mit 1650 Plätzen, welches an der Kronprinzenstraße (die heutige Dieselstraße) lag, das Schauspielhaus in der Stadthalle an der Taubenstraße und das Provinzialtheater „Vereinigte Lichtspiele“ an der Weseler Straße, welches immerhin noch für 850 Theaterbesucher Platz bot.

Nicht nur die Erwachsenen, sondern auch die Jugend schwärmte von dem kulturellen Angebot, das ihnen geboten wurde. Es zog viele Schülerinnen von Hamborn in das Theater nach Bruckhausen. Die Fahrt dorthin kostete mit der Linie 21 einen Groschen. Deshalb legten die Mädchen diesen Weg meistens zu Fuß zurück. Den Eintrittspreis von 50 Pfennig bezahlten sie aber gerne. Das Interesse der Schülerinnen, wie aber auch der anderen weiblichen Theaterbesucher galt zwar der „Gräfin Mariza“ oder dem „Land des Lächelns“, doch in erster Linie wollten sie einen Mann sehen, Dr. Felix Warden. Wenn er auf der Bühne stand, dann lagen ihm alle Frauenherzen zu Füßen. Dr. Warden war eigentlich Mediziner, ein Kinderarzt, der es vorzog, auf den Brettern zu stehen, die die Welt bedeuteten. Felix Warden konnte singen wie kaum ein anderer. Er sah gut aus und wurde von den Frauen angehimmelt. Viele seiner weiblichen Fans kannten sogar seine Telefonnummer und seine Autonummer auswendig. Hätte es damals schon so etwas wie Popstars gegeben, dann wäre Dr. Warden einer von ihnen gewesen. Dementsprechend bekam er wohl auch eine sehr hohe Gage, denn es war außergewöhnlich, dass ein Operettentenor Mitte der zwanziger Jahre schon ein eigenes Auto fuhr.

Die Hamborner Operette gastierte mit ihrem Ensemble aber auch regelmäßig in den Nachbarstädten Dinslaken, Oberhausen und Bocholt. So kam es, dass die weibliche Anhängerschaft von Dr. Felix Warden immer mehr anwuchs.

Ein damaliges Mitglied des alten Hamborner Operetten-Ensembles, Frau Irmgard Muth-Krambröckers, die als Solistin zum direkten Kollegenkreis von Warden gehörte, meinte: „Er hatte eine großartige Stimme, sah glänzend aus und machte in seinen Kostümen eine prächtige Figur auf der Bühne." Sie meinte aber auch: „Er war ein leichtsinniges Huhn und ein ziemlich versoffenes Loch."

So war es auch, als die Hamborner Operette wieder einmal in Bocholt spielte. Drei große Omnibusse standen ständig in Hamborn bereit, um die Akteure, das Orchester, die Bühnenarbeiter und das technische Personal in die Gastspielorte zu fahren. Pro Gastspiel in Bocholt gab es fünf Mark zusätzlich sowie ein Abendessen und ein Glas Bier. Diese fünf Mark extra waren eine Spitzengage, denn für ein Gastspiel in Dinslaken gab es nur 2,50 Mark zusätzlich.

Irmgard Muth-Krambröckers erzählte, dass sie sich aus Bier nicht viel mache und deshalb ihr Glas nur angetrunken hätte. Sofort war Felix Warden zur Stelle und meinte zu ihr: „Irmgardchen! Du magst ja nicht. Lass mich dein Bier austrinken.“ Das gleiche Spielchen machte Dr. Felix Warden rundherum bei mehreren Mädchen.

Es war aber auch außerhalb des Theaterkreises bekannt, dass er nicht nur singen, sondern auch saufen konnte. Trotzdem liebten die Frauen ihn über alles und hielten ihn über Jahrzehnte in ihren Herzen. Selbst als der berühmte Frauenschwarm Errol Flynn auf den Kinoleinwänden zu sehen war und mit seiner Ausstrahlung die Weiblichkeit eroberte, waren sich die meisten Frauen einig, dass ihr Dr. Felix Warden für andere Männer unerreichbar war.

Der Wanheimer Wasserflughafen

Die alten Duisburger können sich noch an den Wasserflughafen erinnern, der am Rheinufer vom Stadtteil Wanheim lag.

Wenn dort ein Wasserflugzeug zur Landung auf dem Rhein ansetzte, dann blieb Jung und Alt stehen und schaute zu, wie die Gischt hoch aufspritzte und das Gefährt scheinbar unsicher über das unruhige Wasser des Stromes schaukelte. Genauso aufregend war es, wenn ein Flieger auf die Flussmitte hinausfuhr, um von dort zu starten.

Landung eines Wasserflugzeuges vor dem Wasserflughafen Duisburg-Wanheim. Im Hintergrund erkennt man die Friedrich-Alfred-Hütte, eines der Kruppwerke.

Meist waren es einmotorige Maschinen. Manchmal landete aber auch ein größeres Flugzeug, welches von drei Motoren angetrieben wurde.

Neben einigen Privatfliegern nutzten auch viele Geschäftsleute und Großunternehmer die Flugzeuge, um schneller ihre wichtigen Termine wahrnehmen zu können.

Der Flug nach Köln dauerte weniger als vierzig Minuten und Rotterdam erreichte man in anderthalb Stunden. Der Langstreckenflug von Duisburg-Wanheim nach Konstanz am Bodensee dauerte etwa fünf Stunden und fünfundvierzig Minuten, eine Zeit, die heutzutage ein schnelles Auto für die gleiche Strecke braucht.

Weitere Bücher aus dem Wartberg Verlag für Ihre Region

Duisburg – Bewegte Zeiten. Die 50er Jahre
von Hermann Kewitz
72 S., geb., zahlr. S/w-Fotos
(ISBN 3-86134-385-1)

Duisburg – Fotografien von gestern und heute
von Hans Georg Kraume, Hans-Ulrich Kreß
60 S., geb., zahlr. S/w-Fotos
(ISBN 3-8313-1025-4)

Duisburg – Luftbilder von gestern und heute
von Hermann Kewitz
48 S., geb., mit zahlr. S/w- und Farbfotos
(ISBN 3-86134-490-4)

Über den Dächern von Duisburg. Luftbilder aus den 50er Jahren
von Heinz Bungert
48 S., geb., zahlr. S/w-Fotos
(ISBN 3-8313-1026-2)

Rundgang durch das alte Duisburg
von Michael Kanther
64 S., geb., zahlr. S/w-Fotos
(ISBN 3-86134-689-3)

Zeitreise am Niederrhein
von Marianne Possmann, Hans-Ulrich Kreß
80 S., geb., zahlr. Farbfotos
(ISBN 3-8313-1286-9)

Geheimnisvolles Duisburg
von Heinz Zander
48 S., geb., zahlr. Farbfotos
(ISBN 3-8313-1299-0)

Die schönsten Schlösser und Burgen am Niederrhein
von Ludger Fischer, Hans-Ulrich Kreß
80 S., geb., zahlr. Farbfotos
(ISBN 3-8313-1326-1)

Wartberg Verlag GmbH & Co. KG
Bücher für Deutschlands Städte und Regionen
Im Wiesental 1 · 34281 Gudensberg-Gleichen · Telefon (0 56 03) 9 30 50
Fax (0 56 03) 30 83 · www.wartberg-verlag.de